27

NOTICE NÉCROLOGIQUE

SUR

M. L'ABBÉ CHARTIER

VICAIRE GÉNÉRAL DE REIMS

ET VICAIRE GÉNÉRAL HONORAIRE DE LA ROCHELLE

PAR

M. L'ABBÉ E. GENDRE

Directeur du BULLETIN RELIGIEUX de La Rochelle

AUGMENTÉE DE DOCUMENTS NOUVEAUX

J. TESSIER.

IMPRIMERIE DE SURGÈRES

1870.

 M. L'ABBÉ CHARTIER

En écrivant ce nom, notre plume tremble d'une émotion
que beaucoup, parmi les lecteurs du *Bulletin* (¹), ont sentie
et partagée. Ce nom rappelle, en effet, le prêtre remarquable dont les diocèses de La Rochelle et de Reims pleu-
rent la perte récente. — « Toute sa personne avait plutôt
» le cachet de la distinction que celui de la force, et
» c'est surtout par l'élévation de l'esprit et du cœur qu'il
» appartenait à la famille des natures d'élite. » Quand M.
Chartier traçait ce portrait d'un orateur connu (²), il ne

(¹) Cette Notice avait paru dans le *Bulletin religieux* du diocèse de La
Rochelle et Saintes, le 12 mars 1870. Nous la reproduisons en y ajoutant,
pour la compléter, les notes et documents qui nous manquaient alors.

(²) Le R. P. Charles Perraud.

se doutait guère qu'il se peignait en quelque sorte lui-même ; nous nous doutions bien moins encore que le jour était proche où nous aurions à déposer ces lignes sur sa tombe fermée, comme un hommage de cœur à sa chère mémoire !

M. l'abbé CHARTIER (Arsène-Étienne) est né à La Rochelle, le 15 août 1825. Les rares qualités qui le distinguèrent dans la suite s'étaient fait jour dès ses premières années. Après de brillantes études à l'Institution de Pons, dirigée alors par M. l'abbé Boudinet, depuis évêque d'Amiens, il vint au Grand Séminaire de La Rochelle pour y achever son éducation cléricale. Là, il attira à ce point l'attention de ses supérieurs, que, même avant de l'ordonner prêtre, Mgr Villecourt, son évêque, le jugea capable d'enseigner ses propres condisciples. C'est ainsi que, à quelques mois d'intervalle et sans que personne en parut trop surpris, des bancs de l'élève, il alla s'asseoir dans la chaire de philosophie. Il était diacre et n'avait que 23 ans. (¹)

L'homme se révélait dès lors. Petit de taille et de frêle apparence, son âme paraissait s'être réfugiée tout entière dans son front et son regard. L'éclat de son enseignement donna bientôt à tous une idée de ses hautes facultés. Esprit fin, net, désintéressé, aimant la vérité pour elle-même,

(1) M. Chartier termina ses études théologiques au Grand Séminaire, vers le mois de juillet 1848, et y retourna, comme professeur de philosophie, au mois de novembre suivant. Il fut ordonné prêtre le 24 décembre de la même année.

doué d'une perspicacité remarquable dans les matières métaphysiques qui semblaient son élément ; jugement solide et plein de mesure ; langage correct, rencontrant toujours le mot propre ; parole limpide, parfois colorée, élevée souvent, jamais banale: voilà sous quels traits et avec quels dons apparut M. Chartier durant le cours de son professorat.

La nomination à l'évêché de Blois de M. l'abbé Pallu du Parc, le vénérable Supérieur du Grand Séminaire, et, peu après, la remise de la direction de cet établissement aux dignes fils de Saint-Vincent-de-Paul, amenèrent un changement dans la situation de M. Chartier. C'était en 1851.

A cette époque, on lui confia la délicate mission d'aumônier du Lycée de La Rochelle, qu'il remplit pendant neuf ans. Représentant et gardien de la part inaliénable de l'Eglise dans la formation de la jeunesse, il sut élever encore par son talent le niveau d'une position déjà importante par elle-même. Si, d'une part, le mérite de son enseignement religieux lui donnait sur les jeunes gens une influence que son cœur de prêtre complétait et rendait pratique dans l'intimité des relations sacerdotales, d'autre part, il jouissait auprès de leurs maîtres d'une estime et d'une considération universelles ; il trouvait même, dans plusieurs d'entr'eux, quelques-unes de ces amitiés profondes et sérieuses qui lui sont restées si fidèles depuis.

Mgr Landriot savait trop bien discerner les hommes pour ne pas remarquer l'aumônier du Lycée. Le 9 juillet 1860, il lui conférait le titre de chanoine honoraire de la Cathédrale, et, quelques mois plus tard, le nommait curé-doyen de

Saujon. Si courte qu'ait été, dans cette paroisse, la durée de son ministère, on s'en souvient encore. Nous en avons pour garant l'émotion générale qu'y causa la nouvelle de sa mort et l'empressement unanime de la population à se porter à l'église, lorsque, la semaine dernière, un service funèbre y fut célébré pour le repos de son âme.

Quand il fut question de remplacer le regrettable M. Martineau (¹) dans les fonctions de vicaire général, c'est sur le doyen de Saujon que l'Évêque de La Rochelle fixa son choix. Cette nomination eut lieu le 15 décembre 1860. M. Chartier n'avait alors que trente-cinq ans.

Nous n'avons pas besoin de rappeler avec quel profond sentiment du devoir et quel attachement pour son Évêque, le jeune Vicaire Général remplit sa mission ; l'illustre Prélat en a lui-même rendu témoignage dans la touchante circulaire qu'il écrivit de Rome, le 28 février, pour annoncer au clergé de Reims la perte douloureuse que tous venaient de faire (²). Ce que nous voulons dire , c'est que les exigences nouvelles de sa position développèrent soudain des aptitudes pratiques, vraiment remarquables, dans cet esprit voué jusque là aux spéculations métaphysiques. Exact, assidu, patient, discret ; portant dans l'examen des affaires la pénétration qui était le caractère de son intelligence ; n'avançant qu'après avoir étudié à fond les questions, s'être entouré des données positives qu'elles réclament et s'en être approprié tous les éléments ; du reste, doué d'un instinct supérieur

(1) Décédé à La Rochelle, le 21 août 1861.

(2) Voir aux ANNEXES A.

du possible ; saisissant les situations, même les plus em-
brouillées, par ce point délicat, où l'on peut parvenir à en
dénouer les fils, sans les briser ; ayant le tact des hommes
et connaissant assez les administrations diverses avec lesquelles ses fonctions le mettaient en rapport pour éviter
tout froissement inutile ou toute démarche sans issue, tel
fut M. Chartier, vicaire général. L'administration qui lui a
succédé lui a rendu cet hommage que, de toutes les affaires
dont il a laissé les dossiers, il n'en est aucune qui n'ait
été traitée comme elle devait l'être (1). C'était notamment au
sein des Conseils que son mérite se révélait ; ceux qui ont
pu assister, ici comme à Reims (2), aux commissions qu'il
présidait parfois disent que nul mieux que lui, ne sut diriger
une discussion, la suivre dans ses détours les moins atten-
dus, la ramener dans ses écarts, clore enfin le débat en y
jetant le trait lumineux, le mot décisif.

Les supérieurs ecclésiastiques de M. Chartier ne furent
pas les seuls à reconnaître ses hautes qualités. Pendant
qu'il était aumônier du Lycée, le ministre de l'Instruction
publique lui décerna le titre d'officier d'Académie ; et c'est
peu de temps avant de nous quitter qu'il reçut du Gouver-
nement la croix de chevalier de la Légion d'honneur.

(1) Parmi les œuvres à l'organisation desquelles M. Chartier prit une plus
grande part, nous signalerons la *Caisse de secours* pour les Prêtres infirmes
du diocèse de La Rochelle.

(2) Depuis un an, M. Chartier présidait, à Reims, une commission créée
par Mgr l'Archevêque, pour la révision du Catéchisme diocésain. Nous avons
sous les yeux une lettre qui constate l'admiration des membres de cette
commission pour la manière dont le président en dirigeait les importants
travaux.

Quand je parle de ce qu'il fit parmi nous, je n'ai garde de passer sous silence deux œuvres auxquelles il portait un intérêt particulier. C'est d'abord le *Catéchisme de Persévérance*, si pleinement goûté des jeunes filles de la société rochelaise pour lesquelles il l'avait fondé. On s'y rappellera longtemps ces simples causeries de quinzaine, qu'il élevait sans effort à la hauteur d'un véritable enseignement et dont il s'appliquait à compléter le bienfait par la création d'une *Bibliothèque* spéciale et choisie. ([1]) C'est aussi notre *Bulletin*

([1]) En présence des membres du Catéchisme et d'une nombreuse assistance, réunis pour le tirage d'une Loterie au profit de la *Bibliothèque*, M. Chartier exposa lui-même ses idées sur cette œuvre importante et délicate. On va voir avec quelle largeur.

« Il ne s'agit ici ni d'une bibliothèque de piété, ni d'une bibliothèque po
» pulaire. Il s'agit d'une bibliothèque destinée, Mesdemoiselles, à quelques
» unes des heures sérieuses de vos journées, appelée à compléter l'éducation
» que vous avez reçue ou que vous recevez, à élever votre cœur, à former
» votre goût, à disputer l'un et l'autre au danger des lectures frivoles. Rien
» n'y doit être admis qui ne soit sain, pur ; qui n'ait, à un titre quelconque,
» mais certain, une portée véritable, littéraire, historique ou autre.
» Quelle œuvre délicate et difficile ! Elle n'a été préparée complétement
» par aucun catalogue....
» Et qu'on ne me demande pas quel rapport il peut y avoir entre une
» œuvre pareille et un Catéchisme de Persévérance. Nous sommes de ceux
» qui pensent que tout ce qui est fait, dans une mesure convenable, pour
» l'élévation de l'esprit et du cœur, est autant de fait pour la piété intelli
« gente et vraie. Et d'ailleurs, parce qu'il m'est donné de vous voir de plus
» près, Mesdemoiselles, ne sais-je pas combien vos âmes sont sincèrement
» chrétiennes? Ne sais-je pas que vous n'êtes vraiment disputées aux douces
» influences de Religion que par ce qu'il peut encore entrer d'un peu frivole,
» même dans un bon cœur, à un âge comme le vôtre? Et n'ai-je pas le
» droit de penser que, le jour où l'on aura augmenté en vous le goût des
» choses sérieuses, vous apercevrez de vous-mêmes, sous des teintes plus
» graves, les vrais côtés de cette vie qui sourit à votre jeunesse, et vous
» serez tout naturellement plus chrétiennes que jamais? »

Religieux. Il présida à ses débuts, le soutint de ses encouragements, de ses conseils, et lui fournit de temps à autre une collaboration précieuse, trop rare cependant au gré de nos lecteurs. M. Chartier, en effet, a peu écrit, du moins pour le public; mais dans les courtes pages qu'il a laissées, que de rares qualités ! Nos lecteurs ont vu, ici même, quelques-unes de ces pages. Ils ont pu y admirer, avec l'élévation et l'originalité dans la pensée, la pureté, la distinction, l'élégance , le fini du style ; en un mot, ce soin exquis de la forme littéraire , qui dans M. Chartier prenait facilement les proportions d'un culte. Car il avait foi dans la langue , il croyait à sa puissance. Fort habile à faire jaillir d'un mot tout le sens qu'il renferme, M. Chartier n'aurait pas été éloigné de penser, à tort peut-être , que la parole de l'homme, au moins dans l'ordre des idées et des sentiments humains, est capable de traduire tout ce que son esprit peut voir et son cœur éprouver.

Je ne puis taire non plus son dévouement et son zèle pour les personnes, soit du monde, soit du cloître (¹) , qui eurent recours à sa direction spirituelle. Toutes ont pu découvrir ce que contenait son âme de foi profonde, de solide piété, de délicatesse intime, en même temps que de connaissance du cœur humain, de sagesse pratique et de fermeté pour le bien. Quand il parlait, il avait souvent de ces mots qui portent coup et qu'on n'oublie plus. Qui l'a connu le sait.

Ce serait ici le lieu d'ajouter ce que M. Chartier fut pour ses amis, si ces choses, comme celles qui précèdent, n'ap-

---

(1) M. Chartier était directeur de la communauté des Sœurs de Notre-Dame de la Charité du Refuge, dites *Dames-Blanches* , à La Rochelle.

partenaient à une sphère où le public n'a guère le droit de pénétrer et qu'il suffit de toucher en passant. Ce cœur, si sensible et si facilement impressionnable, malgré certaines apparences de froideur qui étaient de la réserve, se révélait quelquefois par un mot à ses intimes ; et pour eux, il avait ces procédés, ces attentions délicates qui sont une nuance exquise de l'affection, et dont les natures, même les mieux douées, ne trouvent pas toujours le secret.

Lorsque Mgr Landriot fut appelé à l'archevêché de Reims, M. l'abbé Chartier l'y suivit, le 7 mai 1867, après avoir rempli les fonctions de Vicaire capitulaire pendant la vacance du siége de La Rochelle. Dans sa patrie d'adoption, il rendit à l'Église les mêmes services que dans sa patrie d'origine ; il y fonda ou dirigea, avec le même succès, des œuvres analogues à celles qu'il avait dirigées ou fondées parmi nous (1).

Au moment de l'ouverture du Concile du Vatican, son Archevêque se l'adjoignit en qualité de théologien. Il partit pour Rome... il n'en devait plus revenir.

Comment, sans une vive tristesse, me reporter à notre dernière entrevue ! Il y a un mois à peine, à Rome même,

---

(1) Une lettre que nous avons reçue de Reims, et que nous reproduisons à la fin de notre Notice, donne des détails précieux sur ces diverses Œuvres. (Voir aux ANNEXES B.) Nous ajouterons que, dès son arrivée à Reims, M. Chartier avait contribué pour une grande part à la fondation d'un *Bulletin Religieux*, rédigé aujourd'hui par l'auteur même de la lettre que nous citons, M. l'abbé Baye.

Nous ajouterons aussi qu'il était membre de l'Académie de Reims. M. Dauphinot, président de cette Société littéraire, en annonçant à ses collègues la mort de M. Chartier, a payé à la mémoire du défunt un juste tribut d'éloges et exprimé de sympathiques regrets auxquels tous se sont associés.

nous échangions ensemble de si douces paroles ! Un jour, à
la veille de mon retour en France, par un de ces beaux so-
leils d'Italie, dont un hiver exceptionnellement pluvieux
n'avait permis l'apparition qu'à de rares intervalles, nous
nous promenions dans les allées du Pincio, au pied duquel
la Ville Éternelle se déploie dans sa splendeur. Nous causions
des grandes choses du temps, des grands intérêts qui se dé-
battaient à quelques pas de là, dans l'enceinte du Concile,
sous la coupole de Saint-Pierre. Nous jouissions en même
temps du magnifique panorama que le paysage présentait à
nos regards. Soudain, par la pensée, il s'élançait au-dessus
de Rome, de ses dômes, de ses collines; il s'élançait au-delà de la mer qui baigne les côtes de l'Italie, au-delà même
des rivages de la France où la Méditerranée vient expirer.
Son cœur le transportait à La Rochelle; il se félicitait de se
retrouver, l'été prochain, sur les bords de l'Océan, au milieu
de ses affections et de ses souvenirs. Comme nous caressions
cette perspective ! Et avec quel sentiment nous saluions ces
espérances ! Hélas ! c'étaient des adieux, et pour jamais en
ce monde... Trois jours après mon départ, il éprouvait les
premières atteintes du mal qui nous l'a ravi.

M. Chartier était loin cependant de l'âge qui put faire re-
douter une séparation prochaine. A peine avait-il touché à ce
point culminant de la vie où l'homme, en pleine possession
de toutes ses forces, n'a qu'à les exercer pour en donner tous
les profits. Il était dans sa quarante-cinquième année. Que
de services l'Eglise ne pouvait-elle pas espérer encore de son
zèle et de ses talents ! Mais ceux qui l'ont connu savent que
les puissantes facultés de sa nature s'abritaient derrière une
trop faible enveloppe. La délicatesse de sa constitution et les
défaillances d'une santé déjà ébranlée par des maladies anté-

rieures, par les fatigues et les préoccupations de sa vie, par toutes « ces vibrations de l'âme » dont il a parlé quelque part, rendaient une catastrophe possible. Il portait son trésor dans un vase fragile; n'était-il pas à craindre que le moindre choc ne brisât ce vase avant le temps?

C'est ce qui arriva. La fièvre typhoïde prit M. Chartier le 31 janvier (1). Trois semaines après, c'était la mort; mais la

---

(1) Quelques jours avant sa maladie, M. Chartier écrivait à M. Juillet, vicaire général de Reims les lignes suivantes, à propos de la mort subite du vénérable curé de Saint-Remi, M. Aubert, qu'il venait d'apprendre. A cette date, ces lignes, surtout les dernières, sont pleines pour nous du plus poignant intérêt !

» Rome, 10 Janvier 1870.

» CHER MONSIEUR LE VICAIRE GÉNÉRAL,

» Votre dépêche d'hier soir est venue nous atteindre au cœur d'une façon » aussi douloureuse qu'inattendue. Nous ne pouvions, nous ne voulions pas » y croire. Monseigneur avait reçu de l'excellent curé de Saint-Remi, à l'oc- » casion du nouvel an, une lettre pleine de cœur et de dévouement, et » s'était empressé de l'en remercier. Le cher et vénérable défunt aura-t-il » eu, avant de mourir, la joie de recevoir l'affectueuse réponse de son Ar- » chevêque? Nous l'ignorons encore.

» Monseigneur est profondément sensible à cette perte, et mêle les plus » sincères regrets à ceux qu'emporte ce prêtre de foi, de cœur et d'œuvres. » L'éloignement ne fait qu'ajouter au sentiment avec lequel Son Excellence » prend part à la douleur qu'éprouve la famille du regrettable M. Aubert, » ses paroissiens, ses pauvres, ses nombreux amis et le clergé du diocèse » tout entier.

» Ai-je besoin de vous dire, cher Monsieur le Vicaire Général, combien je » m'associe à ces sentiments? L'affectueuse cordialité du bon curé de Saint- » Remi m'était très-chère, et je ne puis me faire à l'idée de revoir sans » lui cette belle église qu'il a tant aimée, et ces grandes fêtes dont il était » l'âme. Vous voyez, mon cher collègue, que malheureusement notre *me-* » *mento* des défunts se charge bien vite, au détriment de celui des vivants » qui est chaque matin, depuis notre départ, une des grandes consolations » de l'absence. »

mort telle qu'il l'avait enviée, non point celle qui semble tuer l'âme avant le corps, sorte de décomposition morale qui enlève aux facultés leur exercice, plus encore qu'aux membres leurs forces — celle-là, il l'avait en particulier effroi ; — mais celle qui respecte l'énergie de l'esprit dans l'affaissement même des sens. Il ne voulait pas subir la mort; il voulait la voir, lui sourire, l'embrasser, la bénir. Il souhaitait mourir, en quelque sorte, debout. La mort du P. de Ravignan, vaillamment acceptée par le saint religieux dans la plénitude de sa connaissance et de sa foi, voilà ce qu'il ambitionnait. Dieu lui ménagea cette faveur.

Dès le début de sa maladie, il avait jugé que ce serait la dernière. Quand tous semblaient espérer, lui seul, dit Mgr Landriot, persévérait dans une inébranlable et tranquille conviction de sa fin prochaine. A plusieurs reprises, ajoute un autre témoin, il a répété « qu'il voulait mourir. » Cette assurance était une grande grâce et la meilleure des préparations au suprême combat. Alors apparurent, dans une lumière plus vive que jamais, les grands sentiments de son âme sacerdotale; tous ceux qui l'approchaient en étaient frappés. Mgr l'archevêque de Reims lui a donné ce touchant témoignage :

« Comme toutes les natures réservées, il sentait profondément et exprimait ses pensées les plus intimes avec une timide circonspection ; mais aux approches de la mort, les sentiments de sa grande piété firent comme une subite explosion. Sa foi ardente et profonde, son désir du ciel se trahissaient à chaque instant par de rapides et chaudes exclamations. Plusieurs fois la vénérable et digne Supérieure des sœurs de Saint-Vincent nous a dit et répété combien elle était édifiée de sa piété et de son calme religieux en présence de la mort. Il parlait de sa dernière heure, comme un voyageur parle de son retour à la patrie ; et jusqu'à la fin, il a conservé ces sentiments si admirables de foi et de résignation. « C'est le commencement de la fin, nous disait-» il avec une paix angélique, la veille de sa mort : mais ras-» surez-vous, je ne suis point effrayé, toute ma confiance » est en Dieu. » (1)

Ces pressentiments et ces dispositions ne furent pas la seule grâce que Dieu réservait à ses derniers moments. Bien qu'éloigné des siens, qu'il aimait tant, il reçut néanmoins les visites les plus consolantes ; il vit se presser auprès de son lit funèbre les plus illustres et les plus vénérables amitiés de sa vie. Sans parler de Mgr l'archevêque de Reims, qui l'entoura constamment de son inquiète sollicitude, Mgr l'évêque de Blois, pour lequel il était un fils, et Mgr l'évêque d'Amiens lui portaient, tour-à-tour, leurs encouragements et leurs bénédictions. Mgr Thomas, évêque de La Rochelle, vint plusieurs fois aussi consoler et bénir son Vicaire Général honoraire et son diocésain d'origine. On remarquait encore M. Fallières, vicaire général d'Amiens ; M. l'Archiprêtre de Saintes, récemment arrivé à Rome ; M. Delteil (2) surtout qui, pendant tout le cours de sa maladie, lui témoigna l'affection la plus dévouée et la plus sacerdotale, veilla près de lui les cinq dernières heures de sa vie et reçut son dernier soupir. C'était le soir du 24 février.

<hr>

(1) Circulaire du 28 février 1870.

(2) Lazariste, Supérieur du Grand Séminaire de Cahors. M. Delteil avait été précédemment supérieur du Grand Séminaire de La Rochelle et vicaire général honoraire de Mgr Landriot au moment où M. Chartier en était vicaire général titulaire. Les relations d'estime et d'affection qui les unissaient n'avaient jamais cessé depuis.

Le lendemain, M. Delteil écrivait : « Sa mort a été celle d'un prédestiné. » Qu'ajouter de plus? (¹)

M. Chartier s'est éteint, dans l'accomplissement même de son devoir, sur le sol de cette Rome où, pour le catholique et le prêtre, il fait bon mourir; après avoir demandé et reçu à plusieurs reprises les Sacrements avec la plus grande piété, il s'est endormi sous la bénédiction du Saint-Père, deux fois sollicitée et obtenue pour lui. M. Delteil lui ferma les yeux, à l'heure même où, neuf ans plus tôt, avec quelques amis, aujourd'hui dispersés, il assistait à une autre mort, bien digne de souvenir aussi, celle de M. Martineau, prédécesseur de M. Chartier.

Je viens de prononcer le nom de M. Martineau. C'est en effet un de ceux que le clergé rochelais aime à redire, et il se présente trop naturellement sous ma plume, avec celui de M. Chartier, pour que je ne m'y arrête pas un instant. Singulier rapprochement, permis par la Providence entre leurs destinées et que nous serions exposés à prendre pour un jeu de sa part, si nous ne savions que le cœur de Dieu, bien mieux encore que le cœur de l'homme, a, comme dit Pascal, « des raisons que la raison ne comprend pas. » Il semblerait que ces deux existences se fussent donné le mot pour passer par les mêmes chemins et venir expirer au même terme. Hommes assurément fort divers, ne se touchant guère que par un point, la distinction de l'esprit et du cœur, on les vit se remplacer dans les mêmes fonctions, se succéder sous le même toit, puis succomber au même âge et sous les étreintes du même mal (¹). Le monde, si l'on n'eût écouté que ses rumeurs flatteuses, aurait pensé que c'était l'heure où la couronne des dignités ecclésiastiques allait récompenser en eux le mérite, en lui donnant une plus vaste carrière ; non, c'était l'heure où Dieu préparait à leurs vertus une couronne moins mêlée d'épines, plus glorieuse et plus durable !

Si les consolations les plus douces entourèrent les derniers moments de M. Chartier, des honneurs justifiés ne manquèrent point à sa dépouille mortelle. Aux funérailles de ce simple prêtre, et autour de son cercueil, on vit dix évêques français, ainsi qu'un grand nombre d'ecclésiastiques distingués et de religieux. A l'issue du saint Sacrifice offert, sur l'invitation de Mgr l'Archevêque de Reims, par M. Delteil, le Prélat voulut se donner la consolation de faire l'absoute et de répandre les dernières prières de l'Église sur celui qu'il pleure, au bord de la tombe qu'il lui a choisie dans le cimetière du Saint-Esprit (²).

(¹) M. l'abbé Martineau avait précédé immédiatement M. Chartier en qualité d'aumônier du Lycée, et de vicaire général de Mgr Landriot. Comme M. Chartier, il est mort à 45 ans, des suites d'une fièvre typhoïde, dans la maison même que son successeur vint occuper à La Rochelle.

(²) Aux funérailles, assistaient : Mgr l'archevêque de Reims ; NN. SS. les évêques d'Amiens, d'Arras, de Blois, de Chartres, de Dijon, de Luçon, de La Rochelle, de Soissons et d'Oran. Parmi les ecclésiastiques, on remarquait M. Querry, chanoine, vicaire général honoraire de Reims ; Mgr Jacquemet, protonotaire apostolique et curé de Saint-Jacques, à Reims ; Mgr Bouange, protonotaire apostolique, vicaire général d'Autun et de Reims ; M. Guyart, vicaire général de Soissons ; M. Gibert, vicaire général de Moulins ; M. le supérieur du Grand Séminaire d'Évreux ; M. Mazoyer, secrétaire de Mgr d'Autun ; M. Bonnet, curé-archiprêtre de la ville de Saintes. M. Fallières,

O vous qui fûtes ses amis, si jamais la Providence conduit vos pas vers Rome, vous irez à ce cimetière. La première tombe à droite en entrant, c'est là!... Une pierre vous dira sa présence. Vous vous agenouillerez et vous prierez.

C'est là qu'il repose, à quelques pas seulement d'un orphelinat de jeunes filles, tenu par nos sœurs de Saint-Vincent de Paul, asile modeste où il se plaisait, je me le rappelle, à aller passer quelques moments pour parler de Dieu à ces pauvres enfants, dans la langue de la France qu'elles entendaient et qui leur semblait si belle sur ses lèvres. C'est là, non loin du Vatican, à l'ombre de cette grande basilique de Saint-Pierre, à la place où l'a déposé Mgr Landriot pour que sa dépouille y soit « un anneau scellé par la mort, solide comme tout ce que la mort achève, » « l'emblème de l'union de l'Église métropolitaine de Reims — et, pouvons-nous ajouter, de celle de La Rochelle — avec cette grande Église principale, Mère et Maîtresse de toutes les autres. » (¹)

vicaire général d'Amiens ; M. Pillot, vicaire général de Dijon ; M. Verdier, vicaire général de Cahors, etc.

La mémoire de M. Chartier reçut en France, dans chacun des lieux où il a passé, des honneurs analogues à ceux qu'on lui donna à Rome, expression des sympathies nombreuses qu'il avait fait naître et des regrets qu'il laisse. C'est ainsi que, dans notre diocèse, des services funèbres ont été célébrés pour le repos de son âme à l'église cathédrale de La Rochelle; à celle de Notre-Dame, sa paroisse natale ; chez les Dames-Blanches de la Rochelle et les Sœurs du Saint-Sacrement d'Aigrefeuille dont il fut le directeur spirituel; dans la chapelle de l'Espérance, lieu de réunion du Catéchisme de Persévérance, qu'il avait fondé, et dans celle du couvent de la Providence de La Rochelle; dans la paroisse de Saujon dont il fut curé, etc., etc.

Nous savons que des honneurs non moins empressés ont été rendus à M. Chartier dans le diocèse de Reims. (Voir aux ANNEXES : B.

(¹) Circulaire du 28 février.

Dieu l'a retiré à lui, ce bon ouvrier de l'Évangile. Puisse la pensée des travaux de sa vie et de la paix de sa mort nous encourager à servir la même cause, avec un zèle, sinon un mérite, semblable au sien, pour nous endormir dans la même paix et l'espérance de la même couronne!

ANNEXES

—

A

Nous reproduisons avec bonheur la circulaire si émue que Mgr l'Archevêque de Reims adressa à son clergé à l'occasion de la mort de M. Chartier.

Rome, hors la Porte Flaminienne, le 28 février 1870.

Messieurs et chers Coopérateurs,

Une grande épreuve nous était réservée dans notre voyage. M. l'abbé Chartier, notre Vicaire Général, vient de succomber à la suite d'une assez courte maladie. Dès les premiers jours, il ne se fit aucune illusion sur la gravité du mal : alors que nous espérions tous, lui seul persévérait dans une inébranlable et tranquille conviction de sa mort prochaine; par je ne sais quel secret pressentiment, il avait compris que sa dernière heure approchait. A peine venait-il d'être atteint, nous n'oublierons jamais cette triste et en même temps touchante circonstance, il nous fit appeler subitement et d'assez grand matin, comme s'il avait quelque chose de pressé et d'important à nous confier. Il pria l'infirmier de me laisser seul avec lui, et dans les termes les plus affectueux et les plus tendres, il me fit ses derniers adieux, et me remercia avec une effusion toute filiale de ce que j'avais pu faire pour lui. Comme je cherchais à le rassurer, il répliqua d'un ton ferme : « Je ne me relèverai pas de cette maladie, et maintenant que mon intelligence et ma langue sont encore libres, je tiens à vous répéter ce que mon cœur m'inspire à votre endroit. » Ces paroles, dont nous ne rapportons que le sommaire, furent prononcées avec un accent de conviction qui nous émut jusqu'aux larmes et nous attrista profondément.

M. le général Kanzler, avec une bienveillance dont nous l'avons plusieurs fois remercié, voulut bien mettre à notre disposition une chambre, à l'hôpital militaire du Saint-Esprit. Là, notre cher malade fut transporté dans les premiers jours de février. A deux fois différentes, il eut la consolation de recevoir la bénédiction du Souverain-Pontife, que nous avions sollicitée pour lui. Les soins les plus assidus et les plus tendrement dévoués lui furent prodigués par les excellentes sœurs de Saint-Vincent de Paul, par les deux médecins attachés à l'établissement et par les infirmiers. Nous tenons à leur renouveler ici l'expression de notre vive reconnaissance.

Notre ami fut pour tous ceux qui l'approchaient, un sujet d'édification. Comme toutes les natures réservées, il sentait profondément et exprimait ses pensées les plus intimes avec une timide circonspection ; mais aux approches de la mort, les sentiments de sa grande piété firent comme une subite explosion. Sa foi ardente et profonde, son désir du ciel se trahissaient à chaque instant par de rapides et chaudes exclamations. Plusieurs fois la vénérable et digne (¹) supérieure des sœurs de Saint-Vincent nous a dit et répété combien elle était édifiée de sa piété et de son calme religieux en présence de la mort. Il parlait de sa dernière heure, comme un voyageur parle de son retour à la patrie ; et, jusqu'à la fin, il a conservé ces sentiments si admirables de foi et de résignation. « C'est le commencement de la fin, nous disait-il avec une paix angélique la veille de sa mort, mais, rassurez-vous, je ne suis point effrayé, toute ma confiance est en Dieu. »

Nous avons eu la douleur et la consolation de présider à ses obsèques, de dire sur sa tombe la dernière prière, de jeter sur sa dépouille mortelle la première pelletée de terre, en répétant la parole qui est pour tous un enseignement, *memento, homo, quia pulvis es, et in*

____

(1) Cette excellente Supérieure est la sœur de Mgr l'Évêque d'Arras.

pulverem reverteris... Dix Évêques ([1]) assistaient à ses funérailles, plusieurs vicaires généraux, prélats, ecclésiastiques, etc. Dans notre tristesse, nous étions heureux de cet hommage rendu à la mémoire de notre bien-aimé défunt.

M. l'abbé Chartier avait une grande distinction d'intelligence et une rare perspicacité. Ses vertus, sa science, les œuvres qu'il avait si bien dirigées dans le diocèse de La Rochelle ([2]) et celles qu'il avait si parfaitement commencées à Reims, le feront vivement regretter de toutes les personnes qui ont eu le bonheur de le connaître. Sa mort si édifiante, nous fait espérer qu'il a déjà reçu la couronne méritée par ses travaux et ses vertus. Mais, comme la justice divine peut trouver des sujets d'expiation dans les âmes les plus fidèles, nous demanderons à Dieu d'abréger pour lui les jours de l'épreuve et de la purification, s'il en restait encore. Nous le recommandons spécialement aux prières de notre Clergé, des communautés religieuses, de tout le diocèse et de tous ceux qui l'ont connu.

Et maintenant, ami si cher et si dévoué, reposez en paix ([3]), à l'ombre de cette grande basilique de Saint-Pierre, que vous aimiez tant à visiter. Que votre dépouille mortelle reste auprès du tombeau des Saints Apôtres, comme un gage de notre foi et de notre entier dévouement à l'Église Romaine ; qu'elle reste comme un anneau scellé par votre mort, anneau solide comme tout ce que la mort achève, *fortis est ut mors dilectio* ([4]), anneau symbolique, qui soit un emblème de l'union de notre Église métropolitaine avec cette grande Église principale, Mère et Maîtresse de toutes les autres Que cette

[1] NN. SS. les Évêques de Blois, d'Amiens, Soissons, Arras, Dijon, Luçon, Chartres, La Rochelle, Oran, et l'Archevêque de Reims. — Nommons encore M. Querry, chanoine et vicaire général honoraire de Reims, Mgr Jacquemet, protonotaire apostolique et curé de Saint-Jacques, à Reims, Mgr Bouange, protonotaire apostolique, vicaire général d'Autun et de Reims. M. Guyard, vicaire général de Soissons, M. Gibert, vicaire général de Moulins, M. le Supérieur du Grand Séminaire d'Évreux, M. Mazoyer, secrétaire de Mgr d'Autun, M. Bonnet, curé-archiprêtre de la ville de Saintes, M. Fallières, vicaire général d'Amiens, M. Pillot, vicaire général de Dijon, M. l'abbé Verdier, vicaire général de Cahors, etc.— Ceux que nous aurions omis par mégarde voudront bien nous pardonner un oubli involontaire : absorbé par notre douleur, nous n'avons pu tout remarquer, mais notre reconnaissance est vive et profonde pour tous ceux qui ont bien voulu donner cette marque d'affection à notre si regretté défunt, et aussi pour le vénérable curé du Saint-Esprit, qui a été pour nous d'une bienveillance exquise en ces douloureux moments.

M. Delteil, lazariste, ancien supérieur du séminaire de La Rochelle et ami de M. Chartier, a chanté la grand'messe.

[2] M. Chartier avait été successivement professeur au Grand Séminaire de La Rochelle, aumônier du Lycée, curé de la ville de Saujon, et vicaire général : une pensée d'affectueux dévouement l'avait décidé à nous accompagner à Reims.

[3] Au cimetière du Saint-Esprit.

[4] Cant. VIII. 6.

dépouille, brisée par la mort, tressaille du fond de la tombe, *exulta-bunt ossa humiliata* (¹) ; qu'elle parle dans son silence, *defunctus adhuc loquitur* (²) ; qu'elle redise à tous ce qu'il y avait dans votre cœur de dévouement vrai et sincère à la Chaire apostolique et à son auguste Chef . Mieux que personne, vous avez pu voir, dans nos conversations intimes, combien ces sentiments étaient aussi ceux de votre Archevêque, et combien nous confondions nos pensées dans une unanimité de vues et de sentiments, pour donner à l'Église Mère tout ce qu'il y avait de meilleur dans une affection qui restera inébranla-ble au milieu des périls de l'avenir et des ardeurs parfois si regretta-bles des passions humaines. — C'est là un des motifs qui nous a fait choisir le lieu de votre sépulture : nous désirons que votre tombe, dans son mystérieux silence, demeure comme un langage vivant de notre foi et de notre amour, *omnia ossa mea dicent* (³).

Veuillez , Messieurs et chers Coopérateurs , nous permettre de compter de plus en plus sur votre affection dévouée ; plus que jamais nous en avons besoin ; et ce sera, je vous l'assure une immense con-solation dans notre grande douleur.

Veuillez agréer la nouvelle expression de mes plus tendres et plus paternels sentiments.

† JEAN-FRANÇOIS ,

Archevêque de Reims.

B

Faute de renseignements, nous n'avions pu, dans notre *Notice ,* indiquer les œuvres entreprises par M. Chartier, après qu'il nous eut quittés. Le nouveau curé de Saint-

)1) Ps. L. 10
(2) Heb. XI. 14.
(3) Ps, XXXIV. 10.

Remi, de Reims, M. l'abbé Baye, nous a fait l'honneur de nous adresser, sur ce sujet, une lettre qui supplée heureusement à notre impuissance. Cette lettre fera un égal plaisir dans les deux diocèses de La Rochelle et de Reims.

Nous la publions, en en remerciant sincèrement l'auteur:

Reims, 24 mars 1870.

MONSIEUR LA'BBÉ,

Vous vous proposez, m'a-t-on dit, de publier une notice sur M. l'abbé Chartier. Que vous êtes heureux d'avoir quelques loisirs à consacrer à cette œuvre intéressante qui sera lue et conservée précieusement par tous les amis de notre cher défunt! Car, vous ne l'ignorez pas, M. Chartier avait su, à Reims comme à La Rochelle, se concilier de profondes sympathies ; le charme de son intelligence et de son cœur s'exerçait invinciblement autour de lui ; il y avait, dans cette nature d'élite, une puissante attraction à laquelle ne pouvaient résister ceux qui l'approchaient dans l'intimité.

M. l'abbé Chartier est resté peu de temps au milieu de nous, et déjà il avait jeté les bases d'œuvres qu'il n'a pu qu'ébaucher, mais qui vivront cependant, vivifiées par son souffle et l'impulsion qu'il leur a donnée.

Telle est l'*Œuvre de Saint-Louis de Gonzague,* sorte de Catéchisme de Persévérance, où se trouve réunie, en grande partie, l'élite des jeunes filles de Reims. Chaque quinzaine, M. l'abbé Chartier convoquait son pieux et intelligent auditoire et il développait quelque point de doctrine dans des conférences qui ont été avidement recueillies, et que nous pourrions facilement reconstituer, grâce à des notes nombreuses laissées à notre disposition. La vérité appartient à tout le monde ; mais chacun en l'exprimant lui donne la forme de son intelligence et de son cœur. M. Chartier s'appliquait à contempler le côté esthétique de nos dogmes ; il en montrait la beauté, il faisait ressortir les rapports harmonieux qui existent entre la Religion et la nature humaine ; il accordait peu à l'érudition dans ses discours et dans ses *Catéchismes* qui n'étaient guère, si je puis parler ainsi, qu'un tissu composé des mille et mille nuances du sentiment et de la pensée. Aussi quel charme on éprouvait à entendre cette parole toujours noble , toujours sentie , toujours vibrante et sympathique ! Une dame de La Rochelle écrivait à l'occasion de la mort de M. Chartier : *Il nous élevait !...* Ce mot, sans entente préalable, a été répété à Reims. Oui , *il nous élevait* , et avec lui, il nous emportait sur les sommets qu'habitait toujours sa pensée.

L'*Œuvre de Saint-Louis de Gonzague* , fondée à Reims par M. Chartier, ne devait pas être exclusivement une œuvre d'enseignement; mais aussi une œuvre de charité; car cet esprit si élevé étaite ncore essentiellement *pratique*. M. Chartier avait appelé au patronage des enfants pauvres les jeunes filles qui appartiennent à une classe plus aisée. Déjà , plusieurs apprenties ont été placées et sont secourues par l'*Œuvre de Saint-Louis de Gonzague*; mais ce n'est encore qu'une simple ébauche de ce que rêvait notre regretté défunt. Du premier coup-d'œil , M. Chartier avait compris ce que j'appellerai volontiers la *question rémoise* , il avait deviné que, tout en élevant parmi nous l'âme des riches, il fallait donner du pain et des vêtements aux milliers d'indigents que renferme notre grande cité. Et c'est pourquoi le zélé et intelligent directeur de l'*Œuvre de Saint-Louis de Gonzague* préméditait l'introduction à Reims, des sœurs de Saint-Vincent de Paul qui, complétant et développant le patronage , auraient un soin particulier des jeunes filles pauvres et délaissées. Avec quel amour et quel enthousiasme il parlait de ses projets futurs ! Quelle lucidité ! Quel cœur !... Vous apprécierez, M. l'Abbé, par ce que je viens de vous dire, la perte que la ville et le diocèse de Reims ont faite en la personne de M. l'abbé Chartier.

A côté de l'*Œuvre de Saint-Louis de Gonzague* , nous avons à Reims l'*Association des Mères chrétiennes*. M. Chartier s'en occupait très-spécialement. Ces Dames se souviendront toujours des conférences qu'il leur a données et dont elles sont sorties émerveillées , et meilleures. Ce n'est pas tout : M. Chartier rendit aux *Mères chrétiennes* un service plus signalé encore, en refondant et développant leur bibliothèque. En effet, ce n'est pas une tâche facile que l'indication des livres qu'il faut interdire ou que l'on peut permettre à une pieuse chrétienne ; dans une lecture plus encore que dans un sermon, il faut

éviter l'ennui ; or , beaucoup de fondations de *bibliothèques parois-
siales* ont échoué, parce qu'elles ont été faites avec trop d'étroitesse de
vue , avec un esprit trop méticuleux... Jamais la bibliothèque des *Mères chrétiennes* de Reims n'a été plus suivie que depuis les modifica-
tions que lui a fait subir M. Chartier ; les volumes de son choix sont
avidement demandés et lus ; ce sont les plus fatigués de la collection.

Vous parlerai-je des rapports de M. Chartier avec le clergé ? Je n'ai
pas mission pour traiter ce sujet. Mais pourquoi ne dirais-je pas ce
que j'en sais ? Tous les prêtres rémois qui l'ont sérieusement connu
ont été captivés par ses rares qualités ; la faiblesse de sa santé ne lui a
pas permis de faire de nombreuses excursions dans le diocèse ; mais
enfin , la puissante attraction de sa nature s'exerçait aussi dans le
clergé ; les prêtres venaient à lui en grand nombre , et j'en ai vu pleu-
rer à la nouvelle de sa mort. Je me rappellerai toujours ces larmes
comme le plus beau de tous les panégyriques.

Que vous dirai-je encore ? Je ne tarirais pas sur ce sujet qui me cap-
tive, car je suis de ceux qui donnaient à M. Chartier et qui recevaient
de lui le nom d'ami , et certes, il ne prodiguait pas ce mot, qu'il ne
prononçait qu'avec une sorte de respect , n'y attachant jamais un sens
banal.

Faut-il s'étonner si une explosion unanime de regrets se produisit
dans le diocèse et à Reims surtout, quand on apprit avec certitude la
douloureuse nouvelle de la mort de M. Chartier. La première pensée
de tous les prêtres et de tous les fidèles fut pour Mgr l'Archevêque qui
perdait un confident et un ami , et nous savons combien de témoigna-
ges de respectueuse sympathie ont été envoyés, de Reims et du diocèse,
à l'illustre Prélat. Dans la ville archiépiscopale le deuil fut immense ;
à la Cathédrale et dans beaucoup de communautés, on célébra pour le
défunt des services solennels. La messe chantée dans l'église métropolitaine s'éleva à la hauteur d'une véritable démonstration ; le clergé de
la ville, un grand nombre de prêtres du diocèse, les divers représentants
de l'autorité civile, les notabilités de Reims, les communautés, les
pensionnats, les fidèles formaient une assistance considérable et sympathique. Citons encore le service chanté à la *Providence* dont M.
Chartier était le supérieur, et celui qui fut célébré à la *Compassion*
avec cette solennité qu'y donnèrent les regrets et la fidélité d'une

respectueuse amitié. N'est-ce pas dire suffisamment que la funèbre cérémonie avait été organisée par M. l'abbé Decheverry, chanoine tilaire, aumônier de la *Compassion?* Signalons surtout la messe solennelle chantée à l'*Assomption*. C'est là, en effet, dans cette maison naissante à laquelle un haut et illustre patronage assure un brillant avenir, que M. l'abbé Chartier avait concentré les plus délicates affections de son cœur ; c'était *sa petite famille* dont il s'occupait avec une sollicitude incessante ; aussi, nulle part ailleurs sa mort n'a-t-elle provoqué de prières plus ferventes. de larmes plus sincères.

Je suis un de ceux qui ont pleuré le plus amèrement M. l'abbé Chartier ; je le proclame hautement, car j'ai connu intimement ce prêtre d'une intelligence si élevée et d'un cœur si noble, qui avait bien voulu m'honorer de son amitié. J'aurais désiré avoir assez de loisirs pour écrire quelque chose digne de sa mémoire ; je ne le puis pas ; je vous livre, M. l'Abbé, ces quelques mots, tracés à la hâte ; vous en ferez l'usage que vous jugerez convenable.

Agréez, M. l'Abbé,

l'expression de mes sentiments les plus dévoués

et les plus respectueux.

L. Baye,

Curé de Saint-Remi de Reims,

Rédacteur du Bulletin du diocèse.

C

Deux lettres particulières, parvenues à notre connaissance, contiennent d'émouvants détails qui complètent ceux que nous avons donnés sur les derniers instants et la mort de M. Chartier.

Voici la première. Elle a été écrite, au lendemain même du fatal événement, par l'ami fidèle qui en avait été le témoin, et adressée à M. l'abbé Decheverry, secrétaire général de l'archevêché de Reims :

Rome, 25 février 1870.

Bien cher Ami,

Vous savez sans doute déjà la triste nouvelle; nous avons perdu notre cher ami. Dimanche, 20 du courant, il a eu une mauvaise journée, une journée très-agitée. Lundi, il a été plus calme; mardi et mercredi, à peu près comme lundi, mais on voyait qu'il s'affaissait. Hier, jeudi, je suis allé le voir avant midi. Il m'a parfaitement reconnu, et a été très-content de ma visite. Il m'avait demandé plusieurs fois pendant la nuit. Avant midi donc, j'ai compris que la fin approchait. Vers midi, on lui donna un bouillon. Il dit à la sœur qui le lui présentait : « Ma sœur, c'est le dernier; avant dix heures, tout sera fini. » — Je le vis vers trois heures, je rentrai chez moi, et, après avoir dit mon office, je me rendis de nouveau auprès du cher malade. Je le trouvai beaucoup plus bas. Je lui fis appliquer l'indulgence plénière, et restai près de lui jusqu'au dernier moment. L'agonie a été pénible, mais rien d'effrayant dans la manière d'être: à dix heures un quart, il rendit le dernier soupir !... Il a été on ne peut plus édifiant. Quelques moments auparavant, il avait dit à la sœur : « Je vais mourir... Dites à tous que je meurs dans l'Eglise Catholique, Apostolique et Romaine, que je meurs très-attaché au Saint-Siége. » Il a reçu trois fois le saint Viatique. Il a été on ne peut plus édifiant en recevant l'Extrême-Onction, qu'il a lui-même demandée. J'ai passé auprès de son lit les dernières cinq heures de sa vie, en mon nom et au nom de tous ses amis qui sont les miens. Je lui ai moi-même fermé les yeux. Je ne voudrais pas pour beaucoup avoir passé ailleurs ces cinq heures; je les regarde comme les heures les mieux employées de ma vie.

Agréez, etc.

G. Delteil,
Supérieur du Grand Séminaire de Cahors,
Vicaire général honoraire.

La deuxième lettre a été envoyée de Rome par M. l'abbé Verdier, vicaire général de Cahors, à M. l'abbé Juillet, vicai-

re général de Reims. Nous lui empruntons les lignes qui
suivent :

Une première indisposition l'avait forcé à s'aliter et le retint plusieurs jours dans sa chambre. Rétabli, en apparence du moins, il reprit
sa vie accoutumée, et nous le rencontrions parfois au Pincio et à la
villa Borghèse, où, par de tièdes journées et dans des allées arbritées,
il aimait à aller chercher l'air et le soleil. Sa physionomie altérée tra-
hissait cependant un mal intérieur qui ne tarda pas à éclater.

Dès que M. Chartier eut senti que la maladie devenait grave et
qu'elle serait longue, il manifesta le désir d'être transporté à l'hôpital
militaire du Saint-Esprit. Malgré les soins empressés des Prêtres de la
Mission (1), et la présence affectueuse de Monseigneur qui tenait à le
garder près de lui, il se sentait attiré par la charité des douces et pieu-
ses filles de Saint-Vincent de Paul.

On ne put se rendre immédiatement à son désir : l'hôpital du Saint-
Esprit étant exclusivement militaire, il y avait quelques formalités à
remplir ; mais sur une demande de Monseigneur, Son Excellence M.
le général Kanzler, ministre des armes, avec une bienveillance sans
égale, leva toutes les difficultés.

Inutile de dire que le malade fut à l'hôpital l'objet du plus actif dé
vouement. Les deux docteurs de la maison suivaient les fluctuations
du mal avec l'attention la plus minutieuse, prodiguaient à leur malade
les soins les plus intelligents. M⊃gr⊃ Landriot le voyait tous les jours ; un
excellent zouave, devenu son infirmier, ne le quittait pas ; il se sentait
là dans une atmosphère de charité et de piété qui le touchaient jusqu'aux larmes. Il ne pensait néanmoins qu'à mourir. Il ne revint plus
sur le sacrifice qu'il avait fait de sa vie, dès la première atteinte du
mal. La pensée de la mort le visita dès lors fréquemment, devint
comme son occupation habituelle. Terrible pour d'autres, elle n'inspi-
rait aucun effroi à cette âme aussi forte que délicate. Il voulut régler
au plus tôt les affaires de sa conscience et reçut le saint Viatique, ce
qu'il fit par trois fois dans le cours de sa maladie. Notre-Seigneur

(1) M. Chartier était logé, avec son Archevêque, dans la communauté des Prêtres de la Mission, place
Monte-Citorio.

dans l'Eucharistie réveilla en lui d'ardents désirs. Il ressentait en outre pour le sacrement de Pénitence et l'absolution un si vif attrait qu'il se fût confessé tous les jours avec bonheur.

Le 20 février, la fièvre était devenue plus violente, les symptômes plus inquiétants. Il fut évident que les prévisions du cher malade allaient se vérifier. Il sentit l'approche plus immédiate de la mort. *Nous touchons à la fin*, disait-il aux sœurs qui le soignaient. On dut lui administrer le sacrement de l'Extrême-Onction. Le mal ne lui laissait plus que rarement toute la lucidité de son esprit. Dans ses courts moments éclataient sa reconnaissance pour tous les services qu'on lui rendait, son amour pour Notre-Seigneur et son Église, son dévouement pour le Souverain-Pontife. *Dites à tous*, répétait-il souvent *que je meurs Catholique, Apostolique, Romain*.

De toutes les questions qui avaient occupé cet esprit fin, délié, observateur, il n'en restait plus qu'une : mourir, mourir en chrétien et en prêtre. Tout en lui respirait la foi, la piété la plus vive, un admirable détachement de la vie et de toutes les choses humaines.

Dieu lui avait ménagé, pour ses dernières heures, la présence d'un ami (1) qui le connaissait depuis dix-huit ans, l'appréciait et l'aimait. Il s'ouvrait à lui de préférence et lui communiquait ses plus intimes pensées. *Parlez-moi de Dieu*, lui disait-il, *lisez-moi quelque chose qui me parle de lui*. Mais il ne pouvait écouter longtemps. Le souvenir de France lui revint parfois, mêlé à celui de sa famille dont le sort l'inquiétait, mais sans troubler jamais la sérénité de son âme, ni la confiance dont elle était remplie.

Le 24, à midi, recevant un bouillon des mains de la vénérable Supérieure : *Merci*, lui disait-il, *ma bonne Sœur, c'est le dernier*. Il entrait peu après en agonie. Quelques légers sentiments de connaissance se manifestèrent encore dans la soirée, en particulier quand on lui appliqua l'indulgence *in articulo mortis*.

A 10 heures enfin, il rendit son âme à Dieu, entouré de tous les secours, de toutes les consolations que la religion ménage à ses enfants.

(1) M. Delteil.

www.ingramcontent.com/pod-product-compliance
Lightning Source LLC
Chambersburg PA
CBHW051745050726
47598CB00003B/1345